AF356904

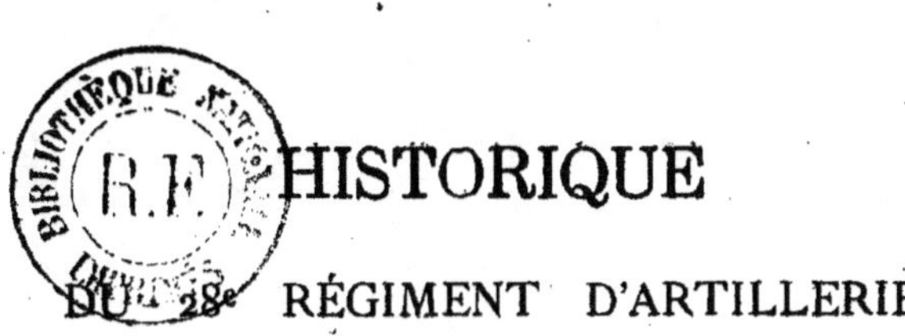

HISTORIQUE
DU 28ᵉ RÉGIMENT D'ARTILLERIE

HISTORIQUE

DU

28ᵉ Régiment d'Artillerie

L'historique du 28ᵉ Régiment d'Artillerie fait d'abord connaître la composition du corps à l'époque de sa formation (10 Mai 1872). Il indique la provenance de chacune des batteries qui ont servi à le constituer, il donne l'historique sommaire de ces unités.

Il poursuit en mentionnant, suivant leur succession chronologique, les trois ordres de faits ci-après :

Modifications dans la composition du corps ;

Prise de commandement des colonels ;

Evènements de guerre auxquels des unités du corps ont pris part.

CHAPITRE I

Formation du 28ᵉ Régiment d'Artillerie et historique des batteries constitutives jusqu'au 10 Mai 1872.

Le 28ᵉ Régiment d'Artillerie a été formé par décret en date du 20 Avril 1872 et a été constitué à Rennes le 10 Mai suivant.

Les batteries qui ont servi à sa formation provenaient des 7ᵉ, 10ᵉ, 20ᵉ régiments stationnés à Rennes et du 13ᵉ stationné à Vincennes.

La portion centrale a été d'abord à Rennes ; elle est à Vannes depuis le mois d'Août 1876.

*Le tableau suivant indique la provenance et les divers
éléments qui ont contribué à la formation du 28e Régiment d'Artillerie.*

COMPOSITION DU 28° RÉGIMENT D'ARTILLERIE

(10 Mai 1872)

DÉSIGNATION des éléments	DÉSIGNATION DE LA PROVENANCE DES ÉLÉMENTS CONSTITUTIFS
Etat major & PHR	Venus des divers corps et établissements de l'Artillerie.
1re Batterie.	10e Batterie du 10e Régiment d'Artillerie (montée).
2e —	2e — — (à pied).
3e —	11e — — (montée).
4e —	12e — — (montée).
5e —	13e Batterie du 13e Régiment d'Artillerie, détachée à Rouen et y restant (montée).
6e —	14e Batterie du 7e Régiment d'Artillerie, détachée à l'armée de Paris et y restant (montée).
7e —	15e — —
8e —	8e Batterie du 10e Régiment d'Artillerie (montée).
9e —	9e — —
10e —	Non constituée au moment de la création du régiment.
11e —	— —
12e —	— —
13e —	7e Batterie du 20e Régiment d'Artillerie (à cheval).
14e —	8e — — (à cheval).

HISTORIQUE DE LA 1re BATTERIE (montée)

La 1re Batterie était, lors de son passage au 28e, 10e Batterie du 10e Régiment.

1870. — C'est sous ce titre qu'elle fit la campagne de 1870. Envoyée au camp de Châlons pour faire partie du 6e corps, elle entra dans la composition du 12e corps commandé par le général Lebrun et pris part aux batailles de Mouzon et de Sedan où elle eut à subir des pertes cruelles.

Elle fut reconstituée à Rennes, le 19 Avril 1871.

HISTORIQUE DE LA 2e BATTERIE (à pied)

1867. — La 2e Batterie, ancienne 5e du 2e, prit une part glorieuse à différents combats livrés en Afrique en 1867, entre autres au combat de Ben-Athab à la suite duquel elle fut mentionnée dans un ordre flatteur du maréchal gouverneur de l'Algérie.

Elle passa la même année 2e du 10e, mais elle ne quitta l'Afrique pour rejoindre son nouveau corps qu'en 1868.

1870. — En 1870 elle contribua à la défense de Rouen, assista au combat d'Estrépagny où l'ennemi abandonna 1 canon, 3 caissons et 300 fusils et fit ensuite partie de l'armée du Hâvre jusqu'à l'armistice.

Dans cette campagne la 2e Batterie servit jusqu'à 12 pièces de canon.

En 1872 elle passa 2e du 28e.

HISTORIQUE DE LA 3e BATTERIE (montée)

La 3e Batterie était, lors de son passage au 28e, la 11e batterie du 10e qu'elle avait contribué à former en 1830.

1870. — C'est sous cette dénomination qu'elle fit la campagne d'Allemagne en 1870.

Dans cette guerre elle eut à supporter les fatigues et les malheurs du 5e corps de Sarreguemines à Sedan pendant que sa réserve laissée à Bitche participait à la glorieuse défense de cette place.

Reconstituée à Rennes le 4 avril 1871, elle fut envoyée immédiatement à l'armée de Versailles et prit une large part à la lutte contre la commune.

HISTORIQUE DE LA 4e BATTERIE (montée)

Cette Batterie comme la précédente était au 10e depuis 1830. Elle était, lors de son passage au 28e, 12e du 10e.

1832. — En 1832, 10e du 10e, elle prit part à tous les combats livrés autour d'Oran et fut citée à l'ordre du jour par M. le lieutenant général Boyer.

1870. — En 1870 elle combattit à Sedan.

HISTORIQUE DE LA 5e BATTERIE (montée)

Ancienne 13e Batterie du 13e Régiment lors de son passage au 28e, ne se signale par aucun fait remarquable.

HISTORIQUE DE LA 6e BATTERIE (montée)

Cette Batterie appartenait au 7e Régiment d'Artillerie lors de son passage au 28e. Elle y avait le n° 14 depuis le 15 Août 1871 seulement, ayant été créée à Rennes le 10 Novembre 1870, sous le n° 24.

1870-71. — C'est sous ce numéro qu'elle a combattu dans l'armée de la Loire en 1870-71.

Partie de Rennes le 12 Décembre 1870, elle a pris part à la bataille du Mans et n'est rentrée au dépôt que le 1er Avril 1871. Repartie le 14 Avril pour faire partie de l'armée de Versailles, la 24e Batterie a servi la Batterie de Brimborion du 25 Avril au 16 Mai et les batteries du lac supérieur du Bois de Boulogne du 17 au 21 Mai.

Du 22 au 28 Mai, elle a participé à l'attaque des barricades de la Porte Saint-Martin, du Château-d'Eau, du Temple et à la prise de Montmartre.

Les services rendues par cette batterie dans la lutte contre la Commune ont valu à son capitaine commandant la Croix d'Officier de la Légion d'honneur.

HISTORIQUE DE LA 7e BATTERIE (montée)

La 7e Batterie sort du 7e Régiment d'Artillerie où elle avait le n° 15 lors de son passage au 28e. Elle ne portait ce numéro que depuis le 15 Août 1871, ayant été créée le 2 Janvier de la même année sous le n° 25.

1871. — Elle a fait partie de l'armée de la Loire à partir du 5 Janvier ; elle est rentrée à Rennes le 28 Mars sans avoir pris part à aucune affaire.

Repartie le 7 Avril pour aller combattre l'Insurrection elle a, du 11 Avril au 21 Mai, servi les batteries de Châtillon, contribué puissamment à la brèche du fort d'Issy et permis de s'avancer dans le village et le parc en répondant aux batteries de Vaugirard.

Du 22 Mai, jour de son entrée à Paris au 25, elle a contribué à la prise des Barricades de la place de l'Observatoire, des boulevards Arago, Saint-Jacques et de la place de l'Italie où l'un de ses officiers, M. Capdevielle, reçut une blessure mortelle après avoir vaillamment combattu.

D'ailleurs, le personnel de la batterie a été cruellement éprouvé.

La 7e Batterie est certainement une de celles qui ont le plus servi la France pendant la lutte contre l'Insurrection.

Elle fit division avec la 6e Batterie à partir du 15 Juillet 1871 et campa avec cette batterie à Villeneuve-l'Etang.

HISTORIQUE DE LA 8e BATTERIE (montée)

Lors de son passage au 28e, cette Batterie appartenait au 10e d'Artillerie où elle avait le même numéro. Elle provenait de la 9e du 3e passée au 10e le 21 Avril 1867.

1870. — Destinée pour la guerre de 1870 à la 4e division du 6e corps qu'elle n'a pas pu rejoindre, elle a été attachée à la 3e division du 12e corps au camp de Châlons ; elle a pris part avec cette division au combat de Mouzon et à la bataille de Sedan où la 1re section s'est principalement signalée.

HISTORIQUE DE LA 9e BATTERIE (montée)

Avant le 10 Mai 1872, la 9e Batterie était 9e du 10e qu'elle avait contribué à former en 1854.

1870. — Envoyée au camp de Châlons comme la précédente pour faire partie de l'Artillerie du 6e corps, elle entra dans la composition du 12e corps et prit part à la bataille de Sedan.

HISTORIQUE DE LA 13e BATTERIE (à cheval)

Cette Batterie sortait du 4e Régiment d'Artillerie créé le 1er Octobre 1829. Elle y portait le n° 3.

Elle le quitta le 15 mars 1854 pour prendre le n° 8 dans

le 16e Régiment d'Artillerie à cheval créé à Toulouse le 16 Mars de la même année.

1859. — La 8e Batterie fut mise sur le pied de guerre et désignée pour faire partie de l'armée d'Italie comme attachée à la division de cavalerie du 1er corps.

Dirigée sur Lyon puis sur Marseille où elle fut embarquée le 4 Mai pour Gênes, elle y débarqua le 6.

Elle suivit ensuite les différentes marches de la division à laquelle elle appartenait et assista le 24 Juin à la bataille de Solférino où elle prit part à l'action en dirigeant un feu nourri sur les batteries autrichiennes.

Rentrée en France à Valence après la conclusion de la paix, la 8e Batterie passa par suite de la réorganisation du 20 Février 1860 au 20e Régiment d'Artillerie à cheval à la date du 1er Avril de la même année et y prit le no 7.

De Valence la 7e Batterie va avec son régiment à Metz en 1861, à Besançon en 1865 et à Strabourg en 1868.

1870. — La 7e Batterie (capitaine Coillot) est mise sur le pied de guerre une des dernières. Elle est d'abord désignée pour faire partie d'une division de cavalerie de réserve de l'armée de Metz, mais elle reste jusqu'au 6 Août à Strasbourg. Ce jour-là elle reçoit l'ordre de s'embarquer et arrive à Metz le 7 au matin.

Elle prit, sous le commandement supérieur de M. Clerc, chef d'escadron, une part active aux batailles de Mars-la-Tour et de Rézonville (16 et 18 Août).

A cette dernière affaire elle fut chargée par deux régiments de cuirassiers Prussiens avant d'avoir eu le temps de se mettre en batterie. Elle eut son capitaine commandant blessé d'un coup de sabre à la tête, son lieutenant en 2e, M. Marguet, tué et le sous-lieutenant M. Tocanier atteint d'un coup de feu et de 6 coups de sabre ; il y eut 37 hommes tués ou blessés.

La Batterie subit le sort de l'armée de Metz et fut emmenée prisonnière en Prusse après la capitulation du 29 Octobre 1870.

Réorgarnisée à Lyon le 1er Juin 1871, la Batterie partit avec tout le Régiment pour Rennes le 7 Juillet suivant.

Le 10 Mai 1872 elle passa au 28e avec le no 13.

HISTORIQUE DE LA 14e BATTERIE (à cheval)

Cette Batterie a au début à peu près la même histoire que la précédente. Elle fit partie sous le no 2 du 4e Régiment d'Artillerie du 1er Octobre 1829 au 15 Mars 1854, et passa le 16 Mars avec le no 7 dans le 16e Régiment d'Artillerie à cheval créé à Toulouse.

La 7e Batterie passa le 1er Avril 1860 au 20e Régiment d'Artillerie à cheval avec le no 8.

En exécution du décret impérial du 15 Novembre 1865 et de la décision ministérielle du 27 du même mois, la 8e Batterie fut dissoute et reconstituée le 21 Avril 1867.

1870. — Mise sur le pied de guerre (capitaine Chardin) la 8e Batterie était comme la 7e désignée pour faire partie d'une division de cavalerie de réserve de l'armée de Metz ; mais elle resta jusqu'au 6 Août à Strasbourg, puis embarquée pour Metz où elle arriva le 7 ; prit part avec la 7e Batterie aux batailles de Mars-la-Tour et de Rézonville, reçut la charge de cuirassiers Prussiens et subit le sort de l'armée de Metz après la capitulation du 29 Octobre.

Réorganisée en même temps que la 7e, le 1er Juin 1871 à Lyon, elle partit pour Rennes le 7 Juillet suivant et devint 14e Batterie du 28e le 10 Mai 1872.

CHAPITRE II
HISTORIQUE DU 28ᵉ RÉGIMENT D'ARTILLERIE
depuis le 10 Mai 1872, date de sa formation

1872-10 Mai. — Formation du Régiment constitué comme il est indiqué au tableau de la page.

Le colonel Moury prend le commandement.

1873-1ᵉʳ Janvier. — La 10ᵉ Batterie est formée à l'aide des ressources du corps. (Décision ministérielle du 25 Novembre 1872).

30 Avril. — Le colonel Delatte est nommé au commandement du régiment.

21 Octobre. — Une nouvelle organisation (décret du 23 Septembre 1873) retire au 28ᵉ Régiment d'Artillerie :

La 5ᵉ Batterie qui passe au 31ᵉ d'Artillerie ;

La 13ᵉ   —   35ᵉ   —

La 14ᵉ   —   35ᵉ   —

Transforme :

La 2ᵉ Batterie à pied en Batterie montée prenant le nᵒ 5.

Fait passer au 28ᵉ :

La 2ᵉ Batterie du 23ᵉ d'Artillerie avec le nᵒ 2. Reste détachée à Toulouse, puis en Algérie (30 Octobre 1873).

18 Novembre. — Les 6ᵉ et 7ᵉ Batteries rentrent à Rennes.

La composition du Régiment est, à cette date, la suivante :

1ʳᵉ Batterie, montée, à Rennes	(de l'origine du corps).
2ᵉ Batterie, à pied, en Algérie (Milianah)	(ex-2ᵉ Batterie du 23ᵉ d'Art.)
3ᵉ Batterie, montée, à Rennes	(de l'origine du corps).
4ᵉ Batterie, montée, à Rennes	id.
5ᵉ Batterie, montée, à Rennes	(ex-2ᵉ Batterie du 28ᵉ d'Art.)
6ᵉ Batterie, montée, à Rennes	(de l'origine du corps).
7ᵉ Batterie, montée, à Rennes	id.
8ᵉ Batterie, montée, à Rennes	id.
9ᵉ Batterie, montée, à Rennes	id.
10ᵉ Batterie, montée, à Rennes	(formée le 1ᵉʳ Janvier 1873).

1875-1er Mai. — La loi du 13 Mars 1875 et l'Instruction ministérielle du 25 Avril 1875 apportent les modifications suivantes :

Le corps reçoit du 35e d'Artillerie la Batterie à pied 1 *bis* à Brest (créé le 1er Janvier 1874 à Nantes) ; elle prend le n° 3 et reste détachée à Brest.

La Batterie n° 3 du 28e prend le n° 11 et le corps forme avec ses ressources une nouvelle batterie montée qui prend le n° 12.

1876-15 Janvier. — La 13e Batterie est constituée avec les ressources du corps.

La composition est, à cette date, la suivante :

1re Batterie,	montée,	à Rennes	(de l'organis. précédente).
2e Batterie,	de montagne,	en Algérie (Milianah)	id.
3e Batterie,	à pied,	à Brest	(ex 1 *bis* du 35e).
4e Batterie,	montée,	à Rennes	(de l'organis. précédente).
5e Batterie,	montée,	à Rennes	id.
6e Batterie,	montée,	à Rennes	id.
7e Batterie,	montée,	à Rennes	id.
8e Batterie,	montée,	à Rennes	id.
9e Batterie,	montée,	à Rennes	id.
10e Batterie,	montée,	à Rennes	id.
11e Batterie,	montée,	à Rennes	(ex 3e du 28e).
12e Batterie,	montée,	à Rennes	(formée sur le corps le 1er Mai 1875).
13e Batterie,	montée,	à Rennes	(formée sur le corps le 15 Janvier 1876).

6 Juillet. — Le Régiment quitte Rennes pour venir à Vannes.

1878-31 Mars. — Le colonel Chaumette est nommé au commandement du 28e Régiment d'Artillerie.

1879-5 Février. — La 1re Batterie est détachée à Bourges au cours pratique de tir.

EXPÉDITION DE TUNISIE

1881. — Les 2ᵉ et 3ᵉ sections de la 2ᵉ Batterie de montagne du 28ᵉ Régiment d'Artillerie ont pris part séparément à l'expédition de Tunisie.

5 Avril. — La 3ᵉ section commandée par M. Peyronnet, lieutenant en 2ᵉ, quitta Milianah, fut embarquée à Alger à l'effectif de 57 hommes de troupe, 4 chevaux de selle, 39 mulets. Elle fit partie d'une batterie mixte dans la composition de laquelle entraient 2 sections de 80 de montagne de la 3ᵉ Batterie du 30ᵉ. Cette batterie commandée par le capitaine Parriaud quitta Roum-el-Souk le 14 Avril pour aller à Soukarras faire partie de la colonne du général Logerot.

Elle rentra à Milianah le 17 Juillet après avoir pris part aux différents combats livrés par cette colonne.

6 Avril. — La 2ᵉ section sous le commandement du capitaine Gradoz quitta Milianah et embarqua à Alger à l'effectif de 70 hommes, 9 chevaux de selle et 41 mulets.

La campagne de la 2ᵉ section a consisté principalement en marches exécutées dans des pays dépourvus de routes entre Roum-el-Souk et Aïn-Draham ; tous les hommes de la section, pour la plupart conscrits bretons de la dernière classe, ont montré un entrain digne d'anciens et bons soldats ; chaque fois qu'un mulet s'abattait ou roulait dans un ravin ou un oued quelconque, il était relevé, déchargé et rechargé rapidement avec une bonne volonté remarquable.

L'état sanitaire pendant la campagne a été satisfaisant.

Dans son rapport daté d'Aïn-Draham, le 25 Mai, le capitaine Gradoz écrit :

« En résumé, je n'ai qu'à me féliciter de la conduite et
« du bon vouloir des hommes de la section et, bien que le

« détachement qui est avec moi n'ait pas encore eu la
« chance et le bonheur de tirer le canon, la 2ᵉ Batterie par
« les nombreux détachements qu'elle a fournis dans les
« différentes colonnes sera une de celles qui auront assisté
« et pris part au plus grand nombre de combats, aussi,
« j'ai le ferme espoir de voir, quand j'irai en France, la
« campagne de Tunisie inscrite sur le Drapeau du Régi-
« ment ».

La 2ᵉ section rentra à Milianah ayant beaucoup marché,
mais sans avoir tiré un coup de canon.

27 Septembre. — Deux sections de la 2ᵉ Batterie et une
section du 30ᵉ Régiment sous le commandement du capitaine Gradoz sont embarquées à Alger et arrivent à Bône
le 29 Septembre.

30 Septembre. — La Batterie est embarquée sur un train
spécial pour Soukarras.

Elle fait partie de la colonne du général Forgemol. Rien
à signaler jusqu'au 23 Octobre.

23 Octobre. — La Batterie marchant à l'arrière-garde
prend part à un engagement contre les cavaliers numides.

25 Octobre. — Nouvel engagement, la Batterie ouvre le
feu à 9 h. 1/2 et cesse le combat à midi.

27 Octobre. — La Batterie prend part à un engagement
d'avant-garde.

La Batterie rentrée à Bône le 27 Décembre s'y embarque
pour Alger où elle arrive le 31 Décembre.

Le 12 Janvier 1882 elle rejoint sa garnison à Milianah.

1882-21 Janvier. — Le colonel Debourgues prend le commandement du Régiment.

1883-1ᵉʳ Septembre. — La loi du 24 Juillet 1883 (organisation de l'artillerie de forteresse) amène les modifications
ci-après dans la constitution du régiment.

Les batteries montées nᵒˢ 4, 5, 6, 7, 8, 9, 10, 11, 12 et 13 prennent respectivement les n°s 1, 2, 3, 4, 5, 6, 7, 8, 11 et 12.

La 2e Batterie de montagne prend le n° 2 *bis*.

Les 1re et 3e Batteries passent au 15e Bataillon de forte-resse.

Le Régiment reçoit du 35e d'Artillerie deux batteries n°s 7 et 8 qui prennent respectivement les n°s 9 et 10.

La composition est alors la suivante :

1re Batterie, montée, à Vannes,	ex-4e de l'organisation précédente.		
2^e	—	ex-5^e	—
3^e	—	ex-6^e	—
4^e	—	ex-7^e	—
5^e	—	ex-8^e	—
6^e	—	ex-9^e	—
7^e	—	ex-10^e	—
8^e	—	ex-11^e	—
9^e	—	ex-7e du 35e.	
10^e	—	ex-8e du 35e.	
11^e	—	ex-12e de l'organisation précédente.	
12^e	—	ex-13^e	—.
2e *bis*, de montagne, à Milianah,	ex-2^e	—	

CAMPAGNE DU TONKIN

2me *Batterie (bis)*

1885-86. — En raison de la participation de la 2e Batterie *bis* du 28e d'Artillerie à la campagne du Tonkin, l'étendard du Régiment porte l'inscription *Extrême-Orient*.

1885. — Le 11 Janvier la 2e Batterie *bis* quittait Milianah pour se rendre au Tonkin. Son effectif comprenait :

3 officiers : MM. Gradoz, capitaine commandant ;

Courroy, lieutenant en 1er ;

Meneboode, lieutenant en 2e.

213 hommes de troupe ;

26 chevaux ;

137 mulets.

A son arrivée à Alger son effectif fut porté à :

4 officiers : MM. Gradoz, capitaine commandant ;

Courroy, lieutenant en 1er ;

Picard, lieutt en 2e, venu du 11e d'Art.

Meneboode, lieutenant en 2e.

1 vétérinaire en second, M. Augier ;

217 hommes de troupe ;

28 chevaux ;

140 mulets.

Le 20 Janvier la batterie s'embarqua à bord de l'*Anna-mite*, toucha le 24 Février à Saïgon, arriva le 8 Mars à Haïphong où une section débarqua pendant que les deux autres étaient transbordées sur le *Balny*.

Le 19 Mars la batterie était toute entière réunie à Thi-Can et le 26, après des marches très pénibles, elle arrivait à Chu. Quelques cessions de personnel et d'animaux la ramenèrent à l'effectif de :

4 officiers ;

150 hommes ;

5 chevaux ;

73 mulets ;

Le 6 Avril, la batterie était désignée pour faire partie de l'artillerie de la 2e brigade du corps expéditionnaire sous les ordres du colonel Borgnis-Desbordes.

La batterie séjourna à Chu jusqu'au 8 Mai.

A cette date elle prit part à une expédition vers Au-Chiam, cette expédition comportait deux colonnes, une section marchait avec l'une d'elles et les deux autres avec la seconde.

La batterie rentra le 16 Mai à Chu.

A la suite des marches exécutées dans de très pénibles conditions l'état sanitaire laissa fort à désirer, le 24 Mai, le lieutenant Picard entra à l'hôpital de Chu et y mourut le 25. Le 19 Juin, le lieutenant Courroy entra également à l'hôpital et mourut le 12 Août à Haïphong.

Le 21 Juin la batterie partit pour Phu-Lang-Thuong où elle resta pendant la plus grande partie de son séjour au Tonkin. Elle y arriva le 23 après une marche difficile dans une région coupée d'arroyos. Le sous-chef artificier Constantin, les sous-officiers Senilh, Gérac, Irans et l'artificier Michel s'y firent remarquer par leur énergie et leur entrain.

La batterie s'installa à Phu-Lang-Thuong, elle y reçut successivement le sous-lieutenant Hoffmann et le lieutenant en 1er Chéron.

L'état sanitaire fut longtemps mauvais ; à la date du 30 Septembre, après 6 mois de séjour au Tonkin, la batterie avait perdu 2 officiers et 57 hommes ; 32 avaient été rapatriés et 17 étaient aux hôpitaux.

Pendant son séjour à Phu-Lang-Thuong la batterie détacha à plusieurs reprises une section pour prendre part aux opérations de la colonne Duguenne, ainsi :

Le 25 Octobre la 2e section (sous-lieutenant Hoffmann) prenait part à un engagement sur la route de Phu-Noc.

La 3e section (lieutenant Meneboode) était engagée contre les pirates le 10 Novembre près du village de Sao et le 11 Novembre près de Lang-Cao.

Le 28 Novembre cette même section quittait de nouveau Phu-Lang-Thuong et assistait à un engagement près du village de Ngoë-Cu.

Le 4 Décembre elle repartait avec la colonne Duguenne, entrait en action le 5 près de Tindao, et quelques jours après, le 13, elle prenait part à une série d'actions qui ont pris le nom de combat de Hu-Thuong. Le 16, à Tien-là, nouvelle affaire dans laquelle le maréchal-des-logis Senith se faisait remarquer.

Le 18, la même section était au combat de Mona-Luong ; à cette affaire une pièce fut amenée par un sentier très difficile sur un point d'où elle exécuta à 100 mètres un tir à mitraille. L'ennemi risposta par deux feux de salve et prit la fuite. La pièce portait l'empreinte de trois balles et autour d'elle gisaient 5 soldats de la Légion étrangère, 2 morts et 3 blessés grièvement.

La 3ᵉ section rentra ensuite à Tindao où elle séjourna jusqu'au 2 Janvier 1886.

Entre temps le capitaine Gradoz avait été promu au grade de chef d'escadron et le lieutenant Chéron était venu de Lam où il était détaché avec sa section pour prendre le commandement de la batterie.

La 2ᵉ section (sous-lieutenant Hoffmann) avait été dirigée sur Than-Moï où elle travaillait à la construction d'un fortin, enfin le 9 Janvier la batterie se trouva toute entière réunie à Than-Moï. Le capitaine Rivals en prit le commandement.

Le 10 Janvier, la 2ᵉ section (sous-lieutenant Hoffmann) fut désignée pour faire partie d'une colonne dirigée sur Lang-Son sous les ordres du colonel Crétin, pendant que les 1ʳᵉ et 3ᵉ sections continuaient les travaux d'aménagement du fortin.

Le 23 Janvier le capitaine Gérard venait prendre le commandement de la batterie qui recevait également le lieutenant en 1ᵉʳ Séguinaud.

La situation resta la même jusqu'au 12 Avril, époque à laquelle la batterie rentra à Phu-Lang-Thuong.

Elle y versa 36 hommes à la 11ᵉ Compagnie du 11ᵉ Escadron du Train des Equipages militaires et 21 hommes à une batterie du 38ᵉ d'Artillerie. En outre, elle versait tous ses animaux à ces deux unités.

Le 9 Mai elle quittait Phu-Lang-Thuong à l'effectif de

2 officiers, 9 sous-officiers et de 60 hommes pour se rendre à Haïphong, le 10, elle s'embarquait à bord de l'*Uruguay* et le 29 Juin 1886 elle arrivait à Alger (1).

Pendant la campagne du Tonkin la batterie n'a opéré que par sections isolées ; les engagements n'avaient qu'une faible durée, après quelques coups de canon l'ennemi lâchait pied. Mais ces sections durent exécuter une série de marches dans les conditions les plus pénibles, tantôt à travers des régions couvertes de broussailles et de forêts dans lesquelles il fallait se frayer un passage la hache à la main, tantôt au milieu de marécages coupés de nombreux cours d'eau qu'il fallait traverser soit à gué, soit sur des bacs mal organisés. Une chaleur accablante et les privations exerçaient, en outre, sur le personnel et les animaux une action déprimante.

1888-10 Février. — Le colonel Vallantin est appelé au commandement du 28ᵉ d'Artillerie.

1889-1ᵉʳ Janvier. — La 2ᵉ Batterie *bis* passe au 12ᵉ d'Artillerie où elle prend le nº 14. (Loi du 28 Décembre 1888).

1ᵉʳ Octobre. — La loi du 15 Juillet 1889 fait passer la 1ʳᵉ Batterie au 35ᵉ d'Art. où elle prend le nº 8. Cette Batterie est reconstituée au Régiment avec les ressources du corps.

La composition est, à cette date, la suivante :

1ᵉʳ Batterie, montée, à Vannes (formée le 1ᵉʳ Octobre 1889).
2ᵉ   —   (de l'organisation précédente).
3ᵉ   —   —
4ᵉ   —   —
5ᵉ   —   —
6ᵉ   —   —
7ᵉ   —   —
8ᵉ   —   —
9ᵉ   —   —
10ᵉ   —   —
11ᵉ   —   —
12ᵉ   —   —

(1) Le journal de marche qui existe dans les archives du corps donne en détail tous les déplacements de la Batterie pendant son séjour au Tonkin.

1892-15 Novembre. — Le colonel de Mecquenem prend le commandement du Régiment.

1894-1er Octobre. — Les Batteries nos 11 et 12 passent au 35e d'Artillerie (décret du 4 Juillet 1894).

1896-10 Février. — Le colonel de Lavech-Desfauries prend le commandement du Régiment.

1898-24 Mars. — Le colonel de Taffart de Saint-Germain prend le commandement du Régiment.

15 Avril. — Le corps reçoit deux batteries, l'une du 32e d'Artillerie qui prend le no 11 et l'autre du 35e d'Artillerie qui prend le no 12. Ces deux batteries avaient été formées dans leurs régiments respectifs le 1er Octobre 1894 avec le no 10.

La composition du corps est, à cette date, la suivante :

Douze batteries, toutes montées et stationnées à Vannes.

1re Batterie, formée le 1er Octobre 1889 sur l'ensemble du corps.

2e — procède en 1883 de la 5e du 28e, laquelle procède en 1873 de la 2e Batterie à pied du 28e. Batterie constitutive du Rég.

3e — procède en 1883 de la 6e du 28e —

4e — procède en 1883 de la 7e du 28e —

5e — procède en 1883 de la 8e du 28e —

6e — procède en 1883 de la 9e du 28e —

7e — procède en 1883 de la 10e du 28e, formée le 1er Janv. 1873 s. le c.

8e — procède en 1883 de la 11e du 28e, laquelle procède en 1875 de le 3e du 28e. Batterie constitutive du Rég.

9e — procède en 1883 de la 7e du 35e, formée le 1er Janv. 1879 au 35e.

10e — procède en 1883 de la 8e du 35e —

11e — procède en 1898 de la 10e du 32e, formée le 1er Oct. 1894 au 32e.

12e — procède en 1898 de la 10e du 35e, formée le 1er Oct. 1894 au 35e.

Vannes, le 1er Novembre 1900.

Le Colonel commandant le Régiment

DE TAFFART DE St-GERMAIN.

IMPRIMERIE
Commelin-Grébus
VANNES